空手道基础教程

主编　沈萌芽　张会景　赵丹彤

编委　李豪杰　宋兆铭　黄少青

　　　赵东阁　石木广　陈　明

　　　王爱华　刘　茜

北京体育大学出版社

策划编辑　力　歌
责任编辑　张　力
审稿编辑　苏丽敏
责任校对　罗乔欣
版式设计　联众恒创

图书在版编目（CIP）数据

　　空手道基础教程/沈萌芽等主编. –– 北京：北京
体育大学出版社, 2015.12（2021.9重印）
　　ISBN 978-7-5644-2191-5

　　Ⅰ.①空… Ⅱ.①沈… Ⅲ.①空手道—基本知识
Ⅳ.①G886.5
　　中国版本图书馆CIP数据核字（2016）第011517号

空手道基础教程

KONGSHOUDAO JICHU JIAOCHENG

沈萌芽　张会景　赵丹彤　主编

出版发行：北京体育大学出版社
地　　址：北京市海淀区农大南路1号院2号楼2层办公B-212
邮　　编：100084
网　　址：http://cbs.bsu.edu.cn
发 行 部：010-62989320
邮 购 部：北京体育大学出版社读者服务部 010-62989432
印　　刷：北京富泰印刷有限责任公司
开　　本：710mm×1000mm　　1/16
成品尺寸：170mm×240mm
印　　张：9.5
字　　数：160千字
版　　次：2017年1月第1版
印　　次：2021年9月第2次印刷
定　　价：42.00元

序

　　空手道是一项格斗对抗性运动项目，是由中国古老拳术技击方法演变而成。根据国际奥委会最新宣布,空手道很可能成为2020年东京奥运会的竞赛项目,此决议将在8月里约热内卢举行的国际奥委会第129次全会表决通过。该项运动不仅有利于强身健体，而且可起到磨炼意志品质，陶冶情操的作用。空手道运动受到世界各国人民的广泛喜爱，世界空手道联盟有193个会员国，会员达7000万人，为世界第三大规模运动项目，但在我国的开展却十分落后。

　　2006年，得到国家体育总局的支持，将该项目引入北京体育大学，并开设了空手道专项，开展教学、科研、训练工作。从2009年夺取亚洲冠军到2010年夺取世界冠军，北京体育大学的学生取得了骄人的成绩，中国空手道项目顺利被国人和世界认可。与此同时，全国性的空手道赛事给空手道的推广提供了平台，国内空手道练习和参与的人数也在不断增加。空手道运动在全民健身运动中深受人们的喜爱，吸引着国内诸多爱好武道体育的人们。

　　由于现代空手道运动在我国起步较晚，提供科学练习的教辅材料难以满足广大空手道练习者、指导者的需求。我们编写此书将为空手道的推广，落实全民健身活动起到积极的作用。

　　《空手道基础教程》主要针对儿童少年练习空手道而编撰的。此书是我国第一部系统介绍儿童少年空手道练习和参赛的相关书籍，相信《空手道基础教程》是一部图文并茂的指导书，一定能为推动空手道运动在我国的普及与提高发挥重要作用。

目　录

目 录

第一章 入 门

KARATEDO是根据日语音译而来，汉字写为"空手道"KARA意为"空"，TE意为"手"，DO意为"道"。

空手道亦称空手，是发源于琉球王国（今琉球群岛）由多种古老武术构成的格斗系统。其前身是古代琉球武术"手"，融合传入的中国古老武术后，形成一套格斗体系，被琉球人尊称为"唐手"。

空手道主要是以空手和赤足进行搏击格斗，其基本原则是将自己的身体磨炼成有效的武器，把握时机对敌人的攻防进行有效地防御与还击。

空手道不使用任何器械，是有效利用身体各个部位进行徒手格斗的技术。空手道巧妙运用拳、脚探究胜负的原理，进而达到超越胜败的境地，是磨炼精神，强健体魄，提升格斗能力，探究心、技，体的运动禅道。

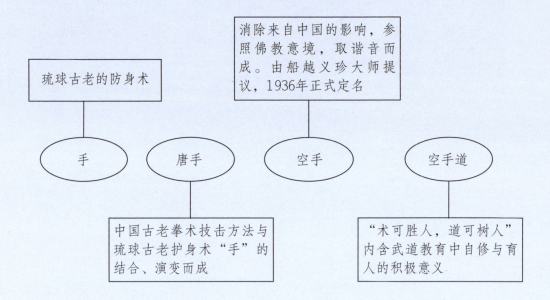

我们所学习的是体育空手道，具有以下几个特点。

一、规则的规范性

体育空手道中的对抗性项目"组手"，为了确保运动的安全性，几十年来，规则得到不断完善，本着严格控制动作点到为止的原则（即"寸止原则"），最大化地保护了练习者的安全，为该项目走入社会和校园，更好地普及和发展打下了坚实的基础。其"寸止原则"的特点，在所有对抗性运动项目中独树一帜。

二、技击的多样性

空手道更多的发挥了动作速度快与技术多元化的特点，充分体现了手脚并用的运动特性和灵活多变的技术特色。

三、得分的多样性

由于采用加点式得分制，个人智慧、能力和技战术的充分运用，使体育空手道组手项目常常充满了戏剧性的变化，精彩纷呈的格斗场面，扑朔迷离的结局以及选手们高超技艺的展现，因而运动本身充满了无穷的乐趣和魅力。

四、运动的观赏性

空手道不仅是一种格斗性运动项目，其理智平静的心态，清晰敏捷的思维，高超精湛的技能，彬彬有礼的态度，更是让观赏者和参与者在观看体育比赛的同时享受了一种演练和格斗浑然一体的艺术美感，领略人类在战斗运动上不断摸索、创新和发展的境界。

五、练习者的普及性

空手道已遍布世界五大洲，世界空手道联盟已发展会员国达193个，注册会员近7000万人，成为世界第三大规模的体育运动项目。

第一节　基础知识

一、道　服

道服是武道项目特有的文化元素之一，是根据不同运动项目特点产生的特

有服装。通常，在参加空手道训练前，为表明练习者的习武态度和对空手道的尊重，准备一套道服是最基本的要求。

道服具体可分为"组手"道服，和"型拳"道服。为减少运动阻力，"组手"道服材质略薄，运动中洒脱、飘逸；"型拳"道服材质厚实硬气，运动中可发出"嚓嚓嚓"声，有利于技术的定位和选手信心的增强。

（1）道服的穿戴

（2）道带的系法

（3）系法步骤

空手道 基础教程

二、场地

　　空手道的训练对场地
的要求并不高，只要是平
坦的场地就可以。正式的
比赛场地是边长8米（由
场地边缘外侧量起）的正
方形，场地上需铺有WKF
认定的垫子，场地四周应
有2米的安全区。

三、其他

　　运动员参加训练或比赛时，必须摘去身上的饰品，以免造成不必要的伤害。
还应注意保持手指、脚趾的清洁且指甲不能过长。女运动员必须将头发扎紧。

第二节　武道教育

　　礼仪是在人际交往中，以一定约定俗成的程序方式来表现律己敬人的过程，人们可以根据各式各样的礼仪规范，正确把握与外界人际交往的尺度，合理处理好人与人之间的关系。

　　武道中的"礼"，是一种尊重他人、保护自己的武器，更是避免许多不必要矛盾与冲突的润滑剂，懂礼、知礼、行礼是每个习武者的必修课程和基本素养。

　　空手道主张"正戈之道、止戈之道"，以"始于礼而终于礼"为训条，在练习与竞技比赛中自始至终都要重礼，同时强调以完整的形态衷心行礼。

一、礼仪的种类与要求

　　空手道的礼仪分为行礼和礼语。

　　行礼分为站礼、坐礼（即跪拜礼）、盘坐礼、宣誓礼和注目礼等。

1. 站礼（即鞠躬礼）

　　站礼是最常见的武道礼仪之一，包含了"尊重、感谢、知礼、自尊"等重要意义。无论是在赛场还是道馆，老师抑或同伴，相遇时都应使用此礼来表达我们的各种意愿。

站礼的要求：两脚呈6结立（V字形）站姿，两手自然伸直放于大腿两侧，上体挺直（含头部）并向前倾斜30度，目视前下方，略有停顿后，恢复站立姿势。

站礼的错误眼神　　　　　站礼的正确眼神

2. 坐礼（即跪拜礼）

坐礼常用在对流派始祖、长辈师范及道馆创始人等重量级人物行礼时使用，是行礼之人表达自己内心更加尊崇敬重的礼数之一。通用的坐礼方法：左脚后撤一小步，单膝跪下，右脚后撤步跪下，两脚背着地，两脚大拇指相叠压，身体重心落座在双脚上，两膝之间约两拳头间距分开，两手掌呈内八字形，放置于大腿上方。

男子跪拜礼

女子跪拜礼

跪拜礼步骤：行礼时，左手内扣呈八字形放于左膝前10厘米处，右手随后内扣放于右膝前，双肘微屈，上体前倾60度角，目视前下方行礼。

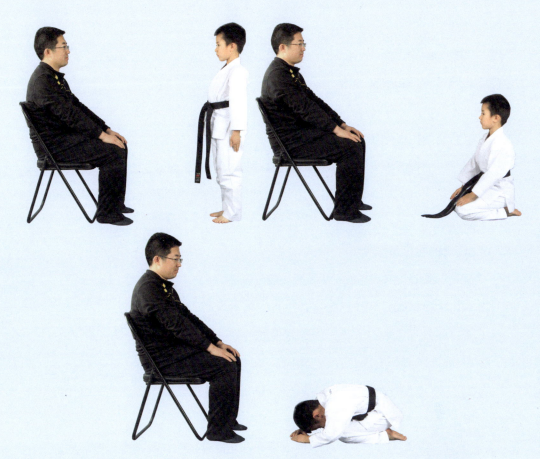

3. 盘坐礼

盘坐礼、宣誓礼、注目礼，都是日常生活中较
为常见的行礼方法，如左图。

4. 礼语

在空手道练习的道馆及比赛场地上，我们经
常会见到学员向同伴、教练或长辈行礼并大声说：
"OSS。"

"OSS"是空手道特有的礼语，它蕴含着耐
心、决心及坚持等意义。每一次说"OSS"，都是

要提醒自己"OSS"所代表的精神。

"OSS"是以"感谢、尊敬、忍耐"三个基本意义为核心，通过礼仪形式来表达自己的思想意识和敬重心情。

"OSS"对个人有理智、拼搏、感恩的教育意义，对团队有互相鼓励、共同进步和争取胜利的积极作用。

"OSS"在武道界是一个较为通用的"万能语言"，在道馆和赛场上，多使用于相互尊敬、相互鼓励和打招呼方面，如同中文的"您好""加油"、英文的"Hi"等。

5. 道场的礼仪与制度

"道场"通指空手道的练习场所。空手道练习是一件非常严肃的事情，"道场"内的礼仪和制度，是规范练习者行为的基本准则。

下面简单介绍几条"道场"内最基本的礼仪和制度。

（1）进入或离开道场时，须面向道场敬礼，同时说："OSS！"

（2）进入道场迟到时，应先站立在道垫外等候教练指示，直至教练允许后，方可入场。

（3）进入或离开时，不得在教练或排列中间穿过，应在队列旁边或后面进退。

（4）道场练习期间，必须关闭任何可能影响练习的声响设备。

（5）道场内禁止饮食、吸烟或咀嚼口香糖。

（6）未经教练允许，不得擅自离开队伍做其他事情。

（7）练习期间要专心、投入，不得影响他人。

（8）为尊重道场及个人安全起见，练习时不应佩戴任何饰品。

（9）道服需保持清洁，腰带只可风干，不能暴晒。

（10）全体学员应保持道场清洁、整齐并注意安全隐患。

第二章　型

古代武道多以杀死或杀害对手为目的，在修炼中也伴随着各种各样的危险，而把这些危险技法安全而准确地进行传授的方法之一，就是古代人传下来的"型"（套路）方法。

型是空手道练习者对技术、战术和进攻方法进行综合学习的内容，而这种学习不仅能提高练习者的柔韧性和对空手道技术的认识及理解，使其身心得到全面锻炼，同时还能使精神、注意力和感知力都能在型的练习中得到提升，从而有效地掌握空手道攻击与防御的技术，达到练习者学习空手道的目的。

第一节 步 法

专业术语

中文意思	日文拼音	中式读音
V字立（结立）	Musubi dachi	木丝毕达期
八字立	Hachiji dachi	哈气及达期
前屈立	Zenkutsu dachi	珍酷刺达期
骑马立	Kiba dachi	KI巴达期
四股立	Shiko dachi	西考达期
猫足立	Nekoashi dachi	奶考阿西达期
三站立	Sanchin dachi	商庆达期
并足立	Heisoku dachi	孩少酷达期
交叉立	Kohsa dachi	考洒达期
后屈立	Kohkutsu dachi	考酷刺达期
平行立	Heikoh dachi	孩考达期

V字立（结立）　　　　　外八字　　　　　内八字立

前屈立

骑马立

四股立

猫足立

三站立

并足立

交叉立　　　　　　　　　后屈立　　　　　　　　　平行立

第二节　上肢技法

专业术语

中文意思	日文拼音	中式读音
顺冲拳	Oi tsuki	哦依刺KI
反冲拳	Gyaku tsuki	GYA酷刺KI
三本连冲拳	Sanbon tsuki	商蹦刺KI

中文意思	日文拼音	中式读音
前手冲拳	Kizami tsuki	KI杂密刺KI
下段格挡	Gedan barai	该荡巴呐依
中段内格挡	Chudan uchiuke	秋荡乌期乌开
中段外格挡	Chudan sotouke	秋荡烧涛乌开
上架格挡	Jodan ageuke	交荡阿该乌开
手刀格挡	Shutou uke	羞涛乌开
贯手	nukite	鲁KI态
肘击	enbi	恩必
背拳击	Ura ken	屋拉恳

（平行立）冲拳

（前屈立）顺冲拳

（前屈立）反冲拳

三本连冲拳

下段格挡

中段内格挡

中段外格　　　　　　　　　上架格挡

手刀格挡

背拳击

肘击　　　　　　　　　贯手（侧面）

第三节 下肢技法

专业术语

中文意思	日文拼音	中式读音
前刺踢	Maegeri	马爱凯立
足刀踢	Yokokekomi	要考开考密

前刺踢

足刀踢

侧弹踢

第四节　基础型

基础型的名称

中文意思	日文拼音	中式读音
平安初段	Heiannshodan	海昂小荡
平安二段	Heiannnidan	海昂泥荡
平安三段	Heiannsandan	海昂桑荡
平安四段	Heiannyondan	海昂勇荡
平安五段	Heianngodan	海昂高荡

方位图

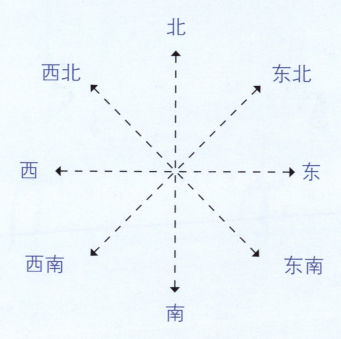

平安初段

起势

【动作1】

① ②

【动作2】

①　　　　　　　　　　　　　　　　　②

【动作3】

①　　　　　　　　　　　　　　　　　②

【动作4】

① ②

【动作5】

① ②

【动作6】

①　　②

【动作7】

①　　②

（侧面图）

③　　　　　　　　（左侧面图）

【动作8】

①　　　　　　　　②

【动作9】

①   ②

图10

【动作10】

①   ②

【动作11】

①   ②

【动作12】

①   ②

【动作13】

① ②

【动作14】

① ②

【动作15】

①   ②

【动作16】

①   （背面图）

【动作17】

① ②

（左侧面图） （左侧面图）

【动作18】

【动作19】

【动作20】

①

（右侧面图）

【动作20】

②

（右侧面图）

【动作21】

①

（背面图）

【动作22】

① ② （背面图）

【动作23】

① ② ③

【动作24】

【动作25】

【动作26】

① ②

收 势

平安二段

起　势

【动作1】

【动作2】

【动作3】

【动作4】

① ②

【动作5】 【动作6】

① ②

【动作7】

① ② ③

【动作8】

① ② ③

【动作9】

①   ②

【动作10】

①   ②   ③

【动作11】　　　　　　　【动作12】

【动作13】　　　　　　　　　【动作14】

【动作15】

（右侧面图）

【动作16】

（左侧面图）

【动作17】　　【动作18】

①　　②

【动作19】

③

①

③

②

【动作20】

①　②　③

【动作21】

①　②　③

收势

①

②

平安三段

起势

【动作1】

【动作2】　　　　　　　　　　　　　　【动作3】

①　　　　　　　　　　　②

【动作4】

①　　　　　　　　　　　②

【动作5】

（左侧面图）   ①   ②

【动作6】

（左侧面图）

【动作7】

①　　　　　　　　②

【动作8】

①　　　　　　　　②

【动作9】　　　　【动作10】

①　　　　　②

【动作11】　　　　【动作12】

（背面图）

【动作13】　　　　　【动作14】

【动作15】

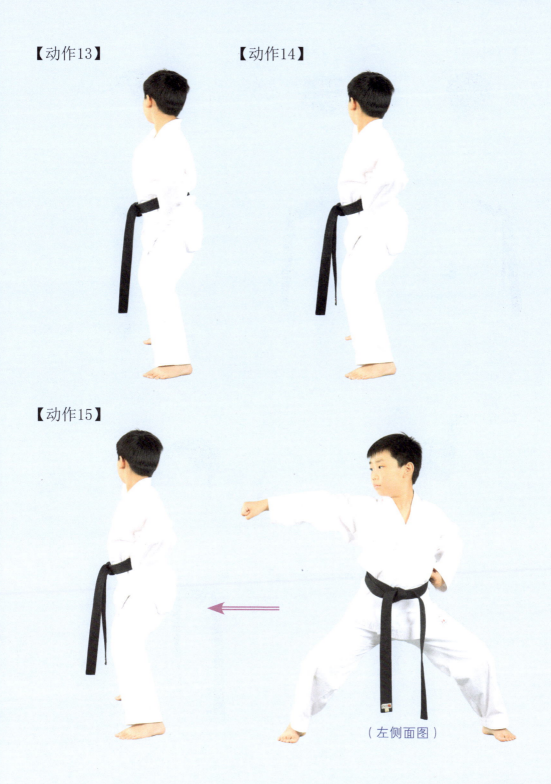

（左侧面图）

空手道 基础教程

【动作16】　【动作17】

（右侧面图）

【动作18】

（右侧面图）

056_

【动作19】

（右侧面图）

【动作20】

① ②

空手道基础教程

【动作21】

（左侧面图）

【动作22】

（右侧面图）

058

【动作23】

① ② ③

④ （背面图）

【动作24】

① ② （背面图）

收 势

① ②

平安四段

起势　　　　　【动作1】

①　　　　　　　　　　　　②

【动作2】

①　　　　　　　　　　　　②

【动作3】   【动作4】

①   ②

【动作5】   【动作6】

①   ②

【动作7】　　　　　　　　　【动作8】

【动作9】

①　　　　　　　　　　　　②

【动作10】

【动作11】

①

②

【动作12】

（右侧面图）

【动作13】

① ②

【动作14】

① 　　　　　　　　　　　　　　　　　　（右侧面图）

【动作15】　　　　【动作16】

①　　　　　　　②

【动作17】　　　　　　　【动作18】

【动作19】

（背面图）　　　　　　①　　　　　　②

【动作20】　　　　　【动作21】　　　　　【动作22】

【动作23】

（背面图）　　　　　　①　　　　　　②　　　　　（背面图）

【动作24】　　　　　　　　【动作25】

（背面图）　　　　　　　　　　（背面图）

【动作26】

（背面图）

【动作27】

（背面图）

【动作28】

① ② ③

【动作29】

① ②

【动作30】

① ②

收势

① ②

平安五段

起势 【动作1】

① ②

【动作2】

【动作3】

【动作4】

【动作5】

① ②

【动作6】　　　　　　　【动作7】

① ②

【动作8】　　　【动作9】

① ② ③

【动作10】　【动作11】

（左侧面图）

【动作12】　　　　　　　　【动作13】

①　　　　　　　②　　　　　　　①　　　　　　　②

【动作14】　　【动作15】　　【动作16】

①　　　　②

【动作17】　　　　　　【动作18】

（背面图）

①　　　　②

【动作19】 收势

① ②

第五节　如何练型

　　令人满意的练型需要练习者全身心地投入。动作练习的节奏有慢有快，但始终要保持勇气和动作力度。

　　1. 型的练习要领

　　（1）开始练型时身体要放松，特别是颈部、膝关节和肘关节，消除紧张情绪，使身体重心保持平衡。

　　（2）练型时要设想正与对手实战，且在进攻和防守时注意力应集中于要击打的方向。

　　（3）练型时只有在呼吸、步形和动作配合得当的情况下，才能增加演练的速度和力量。

（4）进攻时，应沿着正确的路线击打目标，保持身体两侧肌肉的平衡。

（5）正确运用步法步形，移动时应使身体重心保持平行移动。

（6）正确理解型的节奏。

（7）练习时应始终保持警戒的状态和意识。

2. 练型的基本要点

（1）每一种型的开始和结束位置都必须在一条线上，甚至有许多型的起止点在同一个位置。

（2）同整个型一样，每一动作都因其攻防含义的不同而各具特点。

（3）技术动作的本质属性是攻防，练习时应予以体现，动作用法和目标假想是传递动作含义的重要手段。

（4）空手道技术的基本呼吸方法，就是格挡时要求吸气。呼吸方法应根据具体情况进行调整，练习时不要憋气。但是也有一些空手道要求不管是格挡动作还是进攻动作，在每一个动作前都要吸气，动作过程中呼气。呼喊（kiai）也是呼吸的一种，它需要在腹部运气，然后再呼气，同时伴随着尖锐的声音，这样可以缩紧腹部，增加动作的力量，呼喊（kiai）并增加练习者的气势，以震慑对手。

（5）每一种基本型都有自己的节奏。被尊崇为日本空手道之父的船越义珍认为：节奏可以很好的帮助控制意识，并总结出三条重要的节奏规律：①运用力量时的轻重（即在合适的时间，运用合适的力度）。②身体的收缩。③练习时动作快慢的结合。一旦理解和掌握了某个套路的特点和每个动作的确切含义，就能够同时调动力量、速度和身体柔韧来帮助体会套路的节奏。

（6）残心（保持意识清醒）应出现在套路的最后，它与正确的节奏模式有直接联系。"残心"的内涵是保持清醒的意识，身体和精神同时爆发，释放出体内的力量威慑和控制对手，以致最终完全战胜对手。

第三章 组 手

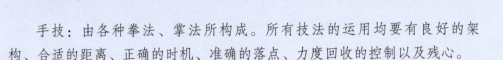

第一节　手　技

　　手技：由各种拳法、掌法所构成。所有技法的运用均要有良好的架构、合适的距离、正确的时机、准确的落点、力度回收的控制以及残心。

实战构架

开势　　　　　　　　　　　　　　　　　　　闭势

1. 上段前手拳

　　正确的实战架构——开势。上身放松，利用脱力使重心快速下沉。后脚蹬地，前脚往前迈，前拳对准对方上段直线击打。拳回收的同时前脚落地，做到"拳到脚到"。恢复预备站架。

2. 中段后手拳

上身放松，前脚向前快速移动一大步，运用脱力使重心快速下沉。后脚充分蹬地的同时前腿前跨成弓步，前脚微向内扣。利用腰的转动来带动后手拳紧贴身体击打对方中段，再利用腰的转动和前脚向回的蹬力带动后手拳快速回收到腰间。击打后重心后移快速回收、脱离（保持"残心"状态）。恢复预备站架。

易犯错误：容易出现上身前倾、后腿蹬地无力，导致膝关节松软，缺少转腰转髋，回收速度慢等。

3. 上段后手拳

身体放松，运用脱力使重心快速下沉，后脚向前蹬地快速移动一大步，后脚快速蹬地的同时，利用腰的转动带动后手拳紧贴身体击打对方上段，后脚顺势前迈变成前支撑脚，稳定重心快速回收脱力。利用腰的转动带动后手拳快速回收至腰间。恢复预备站架。

4. 上段背拳

上身放松，利用脱力使重心快速下沉。后脚蹬地，前脚往前迈；同时前拳对准对方上段。用手背击打对方上段，重心转移至前腿，拳回收的同时前脚落地，做到"拳到脚到"。恢复预备站架。

5. 手刀上段击

上身放松，利用脱力使重心快速下沉。后脚蹬地，前脚前迈的同时前拳对准对方上段。以手掌外侧肌群攻击对方上段。重心转移至前腿，拳回收的同时前脚落地，做到"拳到脚到"。恢复预备站架。

空 手 道 基础教程

6. 手刀内上段击

后脚蹬地，前脚前迈；同时
手刀对准对方上段。手掌内侧肌
群发力攻击对方上段，重心转移
至前腿，手刀回收的同时前脚落
地，做到"手到脚到"。恢复预
备站架。

7. （前手拳）高速上段双连击

　　上身放松重心快速下沉，运用脱力
（感觉上就像是被人从背后推了一把）
后脚快速蹬地，前脚快速前移使重心快
速前冲。

　　前拳对准对方上段，迅速回收出击
上段后拳，前后两拳技术顺势紧凑连贯
直线出击，力点清晰稳定。

　　寸止收回拳的同时前脚落地，做到
"拳到脚到"。蓝方有效击打后，前腿
变为支撑腿，快速回收为实战架构。

　　注意：高速上段双连击属于进攻拳法
的延伸技术，主要在中距离时使用，双连
击的击打要在同一落点，拳击打的交换频
率要快、连击动作应清晰有效。

8. （前手拳）高速上段三连击

　　上身放松重心快速下沉，利用脱力（感觉上就像是被人从背后推了一把）后脚快速蹬地，前脚快速前移，重心快速前冲。前拳对准对方上段的同时，利用腰的转动带动后手连贯出击。

　　寸止收拳的同时上步出击第三拳，之后顺势前迈变成前支撑脚，再利用腰的转动带动后手快速回收至腰间，做到"拳到脚到"。恢复预备站架。

注意：高速上段三连击是高速上段双连击的延伸技术，主要在中远距离或追击时使用，三连击的击打应在同一落点，拳击打的交换频率要快、要求清晰有效。

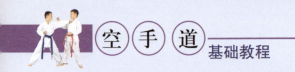
第二节 足 技

足技：任何足技的运用仅限于中、上段得分部位（对耻骨以上的有效踢击也是被允许的）。

基本架构

1. （后腿）前刺踢中段击

身体重心移至左脚，左膝微屈，右腿向中线快速提膝至与地面平行的位置。用前脚掌前刺踢对方中段后回收落地。恢复预备站架。

2. （后腿）中段横踢

　　身体重心移至前脚，同时后腿蹬地直线提膝，大小腿夹紧，用腰带动转髋，支撑脚同时转动90~180度。完全转髋后迅速用小腿踢击对方中段，小腿鞭打完快速回收，击打时力点在脚面。恢复预备站架。

易犯错误：没有直线提膝和快速回收，致使最佳出击进攻的时间延误。

3. 侧踢中段击

　　进攻腿膝关节迅速提膝到心窝前蓄劲，快速有力地踢击对方中段，髋关节、脚跟和击打目标成一直线。以前支撑脚为轴带转后腿，踢击后迅速收膝落地，使重心平衡，身体直立。恢复预备站架。

　　易犯错误：髋关节外展及臀部内收动作不充分，进攻腿蹬地无力等。

空手道 基础教程

4.（后腿）月牙踢上段击

身体重心移至前脚，膝部微屈，在前脚用力蹬地的瞬间后腿向中线快速提膝。提至最高位时膝关节带动脚面外侧踢击对手上段。击打后迅速回收小腿落地。恢复预备站架。

5. 勾踢上段击

　　身体重心移至后脚，同时膝部微屈，前腿向对方上段快速提膝并转动支撑脚，然后用腰髋部位肌肉力量控制大腿，小腿击打时用脚掌击打对方上段。脚掌击打后迅速回收至提膝位置。恢复预备站架。

　　易犯错误：练习勾踢上段击足技时，应注意对出击距离的准确把握，以轻微碰到对方的头或脸为佳，切勿过度触及造成犯规。

6. 后踢中段击

前腿为支撑腿，头部、肩部，髋部依次转动，转动时，注意控制转动的幅度，直到转至进攻目标的相反方向。

同时，进攻脚蓄劲，勾脚尖、勾脚踝、屈膝，脚跟贴近大腿，以脚跟为力点踢击对方中段，利用腰的转动带动进攻腿收回。恢复预备站架。

易犯错误：转体幅度不固定、重心不稳，及进攻腿未伸直等。注意髋部、脚跟和进攻目标成一线、蹬完快速收腿。

7. 拂足

贴近对手时将前脚快速放到对方脚底踝关节位置进行回勾。身体重心移至支撑脚。后手抓住对手肩方位的道服，后腿向身体中线快速提膝。后手用力拉动对手，破坏其重心（或再进行有效的攻击）。

注意：勾对方脚时应由腰髋发力，脚踝应如镰刀状内扣，朝向对方脚尖的方向，向45度角勾扫。

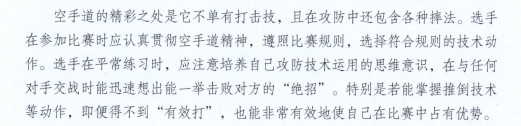

第三节 摔 技

空手道的精彩之处是它不单有打击技，且在攻防中还包含各种摔法。选手在参加比赛时应认真贯彻空手道精神，遵照比赛规则，选择符合规则的技术动作。选手在平常练习时，应注意培养自己攻防技术运用的思维意识，在与任何对手交战时能迅速想出能一举击败对方的"绝招"。特别是若能掌握推倒技术等动作，即便得不到"有效打"，也能非常有效地使自己在比赛中占有优势。

拂足摔

贴近对手用前腿勾住对手前腿的脚踝，将前脚掌快速放到对方脚底踝关节位置进行回勾，身体中线快速提膝，身体重心移至支撑脚，同时用后手抓住对手肩方位的道服。

①

用力拉动对手破坏对手重心，将其摔倒。然后顺势迅速贴近对方，用四股立出拳法打击已倒地对手的有效部位。落地换实战架构。

② ③

第四节　如何练习组手

　　组手是人对人的实战练习，将手技、足技、摔技和拂足根据攻防的需要进行有机组合的两人相对的练习方法，在空手道中被称为组手。

练习组手时，进攻方常常在技术转换中实施抓拉的方法，以达到其运用适宜技战术进而得分的目的。以下是允许拽、抓、拉的部位。

拽拉袖口

两手抓拉道服

拽拉道服领

一、组手的分类

（一）约束组手

对练双方按指定架势进行攻防格挡，其训练目的是为了掌握最基本的实战距离感和对攻击、防守时机的把握。一般在训练时，两名学员分别为进攻方和防守方，按照预定好的进攻路线和招式来进行，称为"约束组手"。

前三节演示的手技、足技和摔技在训练中都可以作为单击约束组手练习，以下是连击的约束组手。

1.（闭式）左前手拳上段击+右后手中段迎反击

技术要领：这是最常用的拳法组合，也是很有效的得分技术。此技术组合前拳为虚晃的假动作，幅度可略夸张，以此迷惑对手，而真正的得分点是中段拳法。要求控制好距离两拳连贯同时步法跟上，转腰转胯，拳要快。

2.（闭式）右后手拳中段击+左腿上段横踢

技术要领：后手拳中段击打出后回收腰间同时，用腰髋的力量带动重心快速转换后移，前腿迅速高横踢，击打对方上段。

3.（闭式）左前手上段击+上段左勾踢反击

技术要领：技术要点在于重心的快速转换，上段前拳击打回收同时，运用腰髋力量带动重心快速转换并后移，前腿迅速勾踢对方上段。

4.（闭式）右后手中段击+左前腿挂踢

技术要领：动作技术要点在于重心快速的转换，后手中段击打回收腰间同时，利用腰髋力量转换重心快速后移，前腿挂踢对方上段。

5.（闭式）右后拳中段击+左脚拂足+右拳上段击

技术要领：在后手中段击重心回收的同时得到近距离的机会，前腿用拂足技术将对手重心破坏同时进行上段击打。

注意：前腿拂足应在后手中段击回收结束前完成。

6.（闭式）右腿中段击+（后手）高速上段双连击

技术要领：后腿横踢对方内落地同时进行高速双连击追击，要求双连击要控制住重心，拳的击打要求清晰有效地在同一落点，判断对方的距离做合适的闪位。

7.（闭式）右后手中段击+（前手）高速上段双连击

技术要领：后手中段击回收同时进行高速上段双连击，双连击要求控制住重心，拳的击打要求清晰有效地在同一落点，判断对方的距离做合适的闪位。

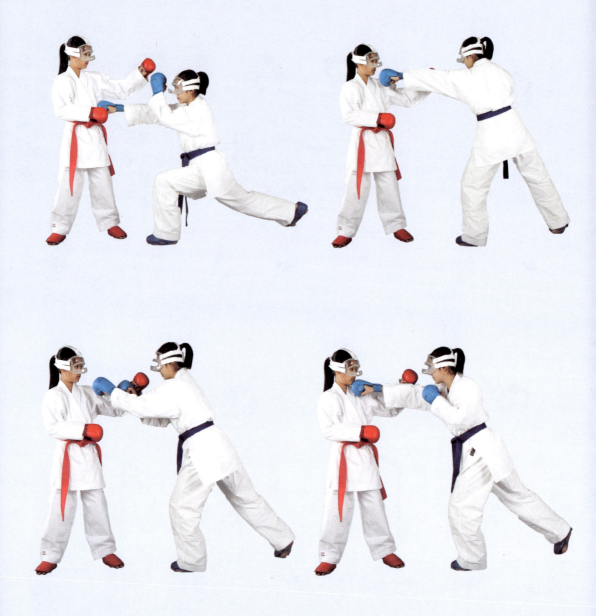

8.（开式）右后拳中段击+拂足摔

技术要领：利用后手中段击（对方在躲防时）迅速贴靠，左手抓住对手肩部道服的同时，前脚拂足勾扫对方支撑腿，使其失去重心后倒地，迅速四股立出拳击打倒地对手的有效部位。

9.（闭式）右后拳上段击+抓抱摔

技术要领：利用后手上段击（对手躲防时）迅速贴靠，双手抓住对方两肩部道服的同时前腿后撤，迫使对方失去重心并交换支撑腿，右腿绊对方支撑脚，使对手失去重心倒地，迅速四股立出拳击打倒地对手的有效部位。

（二）自由组手

　　双方按照比赛规则要求，模拟性地进行实战训练，是高级别或有段学习者必须掌握和提高的一种技能。通过双方在技法实施、心理调节、战术部署等各方面综合性的运用，来达到斗智斗勇的对抗练习目的，提高自身的运动能力和格斗能力，这是我们所要重点学习的内容。

二、组手靶位训练

1. 单击靶位

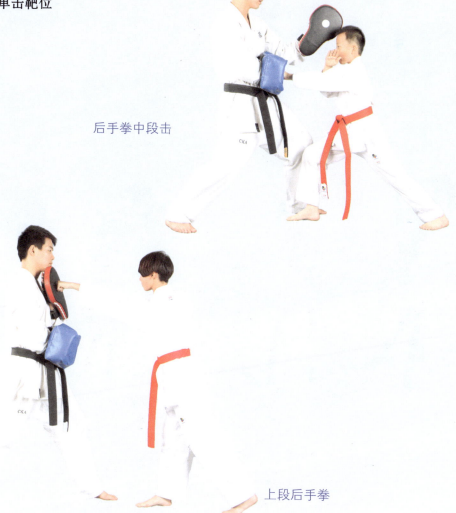

后手拳中段击

上段后手拳

手道基础教程

上段前手击

背拳击

上段横踢   上段勾踢

手刀   前刺踢

上段反旋踢

高速上段击

脱力三连击

脱力三连击

2. 组合（攻防）靶位

左后拳中段击＋右腿上段横踢

前手上段击 + 上段勾踢反击

上段前手拳 + 后手中段迎击

右腿中段踢＋后手高速上段击

左手

右手

后手中段击 + 手高速上段击

左手

右手

第四章　裁　判

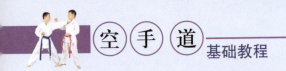
第一节 "型"竞赛

一、"型"的组别与比赛时间

组别：男子组：个人型。

团体型（3人）。

女子组：个人型。

团体型（3人）。

"型"裁判员的举旗判定胜负，新规则中规定"型"裁判员的举旗时间不得少于5秒钟。详细图解见下图。

型拳判定　红方胜　　　　　型拳判定　蓝方胜

型拳判定　红方失格

型拳判定　蓝方失格

评判"型"的技术有三大要素：力度的强弱、技术的缓急、身体的伸缩。

二、"型"的判定标准

1. 是否表现出该型的原有含义？

2. 是否了解该型的技术应用？

3. 是否有良好的时机、节奏、速度、平衡和劲道？

4. 劲道是否配合着正确而适当的呼吸？

5. 有无正确的目标集中力及意志表现力？

6. 是否使用了正确的步法及合适的腿部力量？

7. 有无适当的腹部力量？移动时，腰部是否稳定？

8. 能否展现各流派正确的基本动作要求？

9. 该型的难易度如何？

10. 演练团体型形时，是否达到"一致性"、附加多余的动作、进行暗示或引导。

型竞赛场景

三、判罚标准

"型"竞赛的判罚标准

原因	判罚	结果
变更"指定型"的内容	判罚该选手"反则"（出局）	取消该项目的比赛资格 注：对方选手仍需演练。
演练过程中停滞或遗忘动作		
喊出的型名称与实际演练的型名称不同		
演练不被认定的型或重复表演同一个型		
演练过程中腰带散落地上		
团体型的分解（对练）演练时间超过5分钟		
穿着不当且补救时间超过1分钟	判罚该选手"反则"（出局）	取消该选手此项目的比赛资格 注：对方选手不用再演练。
现场点名不到者	判罚该选手"弃权"，对方胜出	1. 没有名次 2. 取消该选手此项目的比赛资格 注：对方选手不用再演练。

第二节　组手竞赛

一、 组手场地要求

比赛场地：8×8米+2米（安全区）。

主裁线：距中心点2米处。

选手线：各距中心1.5米处。

二、选手服装、护具类的要求

1. 道服（道带必须系紧）

（1）长度至少要遮盖臀部，长不过大腿的四分之三。（女性可在道服内穿上纯白色T恤）

（2）袖长不得超过手腕，而且不能短于小臂的一半，也不能卷起。

（3）道裤至少要覆盖小腿三分之二的长度且不得超过踝关节，不得卷起。

（4）道服要求纯白无标记、无条纹及无滚边。

（5）道服左胸位置可有国家标志或国旗（直径不超过12×8厘米）。

（6）只有道服原制作厂商和大会组委会指定的标志、商标可放于道服上。

2. 必备护具

（1）拳套（红色、蓝色）。

（2）护齿。

（3）女性佩带护胸。

（4）胫骨护垫(护腿)。

（5）足部护具（护脚背）。

（6）护头盔（全保护式头盔可不用戴护齿，牛角式的头盔必须戴护齿）。

（7）护胸。

（8）护裆。

3. 禁止项目

（1）禁止戴眼镜。（可带隐形眼镜，但责任自负）

（2）禁止使用任何可能伤害对手的装饰物。（丝带、饰品等）

（3）禁止使用发夹（"型"项目中，适合的发夹是被允许的）和头带。

（4）禁止穿戴不合规定的衣服和未经允许的护具（如护腕、绷带等）。

4. 其他方面

（1）选手头发必须保持干净且长度不得妨碍比赛顺利进行。（头发太长或不整洁，裁判可取消其出赛资格）

（2）选手道服或护具的穿戴如不符合规定，则被判"失格"，即失去比赛资格直接出场，但之前会给予1分钟的补救时间。

（3）其他未被认可而必须佩戴的特定物品，必须在赛前告知裁判委员会，并接受审查。若在比赛当天提出，则不会被允许。

准备穿戴护具场景

三、少年儿童的级别设置

男子组：-52kg、-57kg、-63kg、-70kg、+70kg。

女子组：-40kg、-44kg、-49kg、-55kg、+55kg。

儿童组：6~9岁组、10~11岁组、12~13岁组。

1. 正常一场比赛时间2分钟。

2. 其他时间

紧急事件补救时间（穿戴不当、指甲过长）1分钟。

受伤治疗时间（主要指在比赛过程中的受伤）3分钟或主裁同意延长治疗时间。

3. 在新规则中，如果出现平局，比分相同的情况就由裁判员举旗"判定"其中一方胜出

在判定中，裁判往往以选手在比赛中的积极态度，礼节和技术的运用来判定哪一方是获胜方，这就要求每个练习空手道的小朋友，在比赛中不仅要发挥技术，还要保持一个良好的竞技精神和礼仪。

一般这种情况在青少年比赛中很常见，为了避免这种情况的发生希望小朋友们要加强得分技术的练习，努力在正常比赛时间内赢得对手。

四、"组手"的得分方式

在满足得分"六个标准"的基础上，五个得分部位（头部、胸部、腹部、背部、胸腹侧面）的三种得分方式，按照使用技术的难易程度分为如下三种。

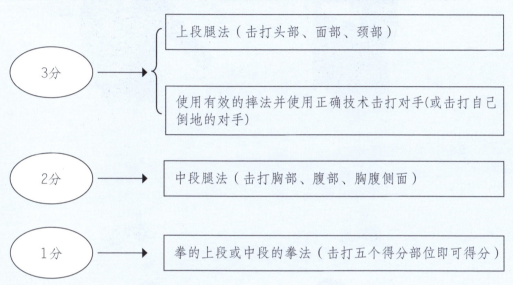

裁判分数详细、主裁手势及边裁旗语，见下图（以红方为例）。

主裁场景

主裁手势红方1分

主裁手势红方2分

主裁手势红方3分

边裁场景

边裁旗语红方1分

边裁旗语红方2分

边裁旗语红方3分

边裁旗语红方犯规

边裁旗语蓝方犯规

边裁旗语红方出界

边裁旗语蓝方出界

五、"组手"的两种犯规类型

小朋友们最喜欢玩游戏，大家都知道任何游戏都是要有规则的，空手道是一种对抗运动，所以一切无法保证对手安全的技术动作，在体育空手道组手比赛中都是不被允许的。

选手犯规场景

1. 犯规类别

一类犯规	二类犯规
（对对手造成后果）	（不当技术或行为但没有造成后果）

·重击对手或击打喉部。　·诈伤或夸大伤情。

·用手掌攻击。　·出边界。

·攻击禁击部位。　·不防守。　·消极比赛。

　·无效的抓推扭抱。

·危险动作。（造成后果）　·危险动作。（没有触及到对手）

　·逃避比赛。

·触及或受伤。　·不礼貌行为。

·头膝肘攻击。

·危险摔法或禁止使用的摔法。

2. "组手"的四种处罚手段

主裁判罚场景

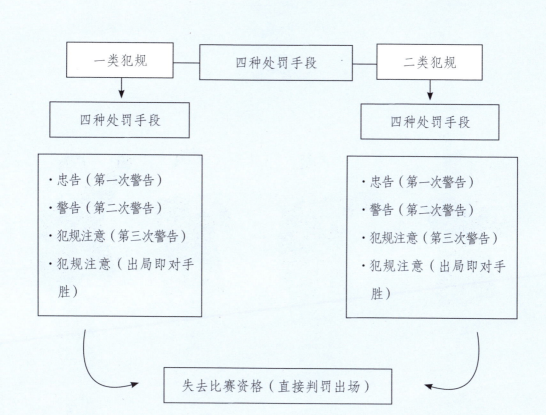

各种犯规主裁手势及副裁旗语见下图（以红方为例）。

主裁手势—类犯规——忠告　　　　　　主裁手势—类犯规——警告

主裁手势—类犯规——犯规注意　　　　主裁手势—类犯规——犯规

主裁手势二类犯规——忠告　　　　　主裁手势二类犯规——警告

主裁手势二类犯规——犯规注意　　　　主裁手势二类犯规——犯规

主裁判手势——失格

3. 常见各种犯规行为图解

重击对手   击打喉部

用手掌击打对手

肘击对手

踢击对方腰带以下部位

抓抱对方腰带以下部位

摔法不能使对手背摔超过自己腰部

搂脖子

抓住对手不能超过两秒

无防守行为

夸大伤情（或"诈伤"）   无目的推人

不控制力度和幅度的击打   不礼貌行为

六、组手裁判术语

日文拼音	中式读音	中文意思
Shomen_ni_rei	消门泥来衣	正面行礼
Otagai_ni_rei	哦塔嘎衣泥来衣	相互行礼
Shobu hajime	消布哈机麦	比赛开始
yame	哑麦	停止
Tsuzukete hajime	子刺凯台哈机麦	继续开始
ippon	有靠	1分
nihon	哇扎阿力	2分
sanbon	一蹦	3分
aka	阿嘎	红方
ao	阿哦	兰方
torimasen	涛立码森	不得分
No kachi	脑卡汽	某方的胜利
hikiwake	嘿KI瓦盖	平局
saishiai	萨一西阿一	加时赛
Atoshibaraku	阿涛西八拉酷	即将结束（10秒）
jodan	交荡	上段
chudan	秋荡	中段
tsuki	资KI	突拳（冲拳）
uchi	乌七	击打（背拳）
geri	凯立	踢腿
chukoku	秋考酷	忠告（警告第一次）
keikoku	凯考酷	警告（警告第二次）
Hansoku chui	杭烧酷秋衣	犯规注意（警告第三次）
hansoku	杭烧酷	犯规（出局即对手胜）
shikkaku	西卡酷	失格
kiken	KI根	弃权
hantei	杭胎	判定
Shugo	休高	召集

后 记

　　一直以来就有这样一个念头：写一本关于空手道的书，为更多的孩子们。但这个念头一直都淹没在琐碎而繁忙的工作里，迟迟没有行动。直到有一天，一个小女孩第一次参加空手道比赛后的日记——《难忘的一天》，深深地触动我：

　　"2012年8月17日，对于我来说是一个难忘的日子，因为，这是我一生中第一次在比赛场上度过的一天，而且，这个赛场进行的是一场全国性的比赛。

　　"中午11点，丁虎教练就让我穿好道服、戴好护具，开始赛前热身。我又跑又跳，又打拳又踢腿，本以为比赛很快就要开始了，结果，练了一个多小时都没轮到我。我心里正在嘀咕，突然，就听到广播里的通知：'周鲤同学，请马上到检录处检录。'我一下子兴奋起来，喝了两口水就跟着教练去检录处报到，我身着白色道服，腰系红色道带，表示我是红方。我的对手系的是蓝色的道带，表示她是蓝方。我们静静地来到比赛区，等候我们的比赛。

　　"轮到我上场了，我戴好头盔，走到赛场的一侧，按照比赛的规矩，先向四边的边裁鞠躬表示敬意，然后进入赛场的指定位置，我们先向主裁判鞠躬，又在主裁判的示意下互相鞠躬。裁判长一声令下，比赛开始了。蓝方队员非常勇猛，一边侧身向我进攻，一边还大声喊叫着，想要在气势上威慑我。我牢记着教练在热身时对我说的，不管对手怎么打，你只打中段击就可以了。面对她的挑衅，我毫无惧色，表情凶狠，瞪着眼睛盯着她，她一抬腿，我就用前手挡开，后手就是一个中段击，连着两个回合下来，我已经先得2分。她叫嚷得更凶了，但我知道，她只不过是虚张声势而已。我又是一个中段击，拿下了第3分。她却一分没得，只剩下10秒钟了，10、9、8、7、6、5、4、3、2、

1，太好了，我3：0拿下了比赛。

"赛场边为我加油的队友们高兴地冲上来，把我团团围住，丁教练高兴地把我举了起来。因为我是全队22个队员中第一个上场的，我的胜利让全队的士气大振。姐姐们都夸我非常棒，鼓励我再接再厉。

"没过多久，我的第二场比赛又要开始了，王爱华姐姐指着一个梳辫子的高个女孩儿说：'你下一场就和她比，不要怕，一定要打赢！'我点点头，走进赛场。比赛开始了，对方前手加中段，还有高位踢腿，都被我一一挡开。可是我打中段，她也打中段，我们你来我往，却谁也没能对对方形成有效的攻击，2分钟的比赛结束了，我们打成了0：0的平局。主裁只好吹哨请四边的边裁举旗，两位边裁举了红旗，两位边裁举了蓝旗，这样就需要主裁判最后裁决了。主裁举手示意我的对手获胜。

"我输了，我没有哭，但觉得很沮丧，因为即使按照规则我最后有机会进入复活赛，也只能去争夺铜牌了，我已经失去了争夺冠军的资格。

"果然，我的对手一路打进了决赛，按照规则我可以复活了。

"我复活赛的对手和我同岁，已经练了两年，我小心地打进去，壮着胆子踢上段前踢，这时，主裁判立刻喊"停"，判我得了3分。接下来的比赛我完全发挥出了我的技术水平，打得非常轻松，连续两个上段前踢，我再次连得6分，以9：0的绝对领先优势提前终止了比赛。

"太好了，我胜利了！

"铜牌赛我一定要打赢，这样我就能够拿到我的第一枚奖牌了！我心里暗下决心。

"争夺铜牌的比赛正式开始，可我的对手却还没有入场，时间到了，主裁判让我对着对面的空气鞠了一躬，然后就宣布我赢了。我十分惊讶，争夺铜牌的比赛我居然不战而胜？

"2012年8月17日这一天，我为全队获得了2012年全国青少年空手道锦标赛第一块奖牌，也为自己赢得了人生中的第一枚奖牌。

"我在队友们的欢呼声中走下赛场，虽然只得了铜牌，但，只要你参与了，拼搏了，你就是最棒的！"

这是当时刚升入北京大学附属小学四年级（7）班周鲤的赛后总结。小女孩儿完整叙述了一场空手道比赛应有的礼仪与流程，她将最初胜利的喜悦，比赛失利的挫折，顽强拼搏的勇气，夺得胜利的自信，用质朴、流畅、细腻而略显稚嫩的文字表达了出来，她深深地触动我。

今天，生活在城市里的孩子们，已经很少真正经历艰苦生活的磨砺了，也很少能够体会"宝剑锋从磨砺出，梅花香自苦寒来"的喜悦了。但这个小女孩儿用她独特的经历与体验，用她纯真而稚拙的感受再次在我心里印证了少儿空手道教育可以带来的影响。

严格而艰苦的训练不仅强健了孩子们的体魄，更塑造了孩子们不畏困难、不惧挫折、内敛自信、沉稳大气的精神品格。空手道坚韧不拔，尊师重友的武道精神，不仅使每个孩子从体魄和技能上提高，更从思想境界上得到进一步提升。"寓教于训""内外升华"的少儿空手道教育成为引导孩子健康成长中一架明媚的彩虹桥。

空手道基础教程

　　两年的时间，参与训练的10个孩子中，有7个孩子在全国和北京市的比赛中获得过各个不同组别的冠亚季军。作为一个母亲，我清楚地知道，能有机会在观众席上看到自己的孩子勇敢努力的一面，该是一种莫大的幸福。相信小女孩的父母会很欣慰，虽然没有拿到金牌，但是借着这个平台，这个运动项目让孩子经历了挫折教育，磨炼了孩子的意志品质，让她学会了每件事情成功的过程都需要自己付出努力与坚持。

　　这个小女孩的经历一波三折，她的坚持和拼搏赢得的不仅是一块比赛的奖牌，更是一枚人生的奖牌。相信很多父母都希望自己的孩子有机会塑造这些无形的意志品质，而不仅仅是身体的强健。

　　父母们的需求和看到孩子们的成长带给我最深刻的触动是这本书最终能够呈现在大家面前最重要的原因，我也希望借这本书澄清一些家长对于这项运动的一些误读。其实，空手道是一项安全系数很高的搏击类项目，培养孩子们"不畏艰辛、敢于拼搏、不惧强大、增强自信"的武道精神。它不仅仅是一项运动或一个锻炼方式，尽管它包含了这些成分在里面，也不仅仅是获得强壮身体，高超技击术的渠道，尽管它会使人得到这些方面的好处，更重要的是它会激发孩子更大的潜能，而不断延伸自己身体、精神的极限，这个项目的优秀在过去、现在、将来都会被时间所证明。通过这个项目可以从小培养孩子的意志品质，让孩子们为自己自豪，也让父母们为孩子骄傲！

　　本书的拍摄和编写过程中，投入大量时间和精力的还有北京体育大学附属体育中专的周俊校长和出版社张力老师，北京体育大学校空手道代表队的大学生——他们是北京市大学生精英赛的冠军蒋仁杰，全国大学生锦标赛的冠军石木广，全国锦标赛的冠军丁虎、王爱华、黄少青、刘茜和世界锦标赛冠军李红同学，以及提供选手们空手道服装和器材的竞赛训练处王伟老师的大力支持，在此表示深深的感谢！

2013年8月15日

拍摄人员简介

丁明露：1990年出生，国家体育总局排球运动管理中心，中国空手道协会一级运动员、国家级裁判员。

2012年全国大学生空手道锦标赛男子+85公斤冠军；2012年全国空手道冠军赛男子+85公斤亚军（并被评为"体育道德风尚运动员"）；2013年全国空手道锦标赛男子团体冠军。

2013年在全国大学生空手道锦标赛执裁，被评为"优秀裁判员"后，代表北京体育大学在国内各大赛事执裁。

丁明露

石宗蔼：1989年出生，北京体育大学学生，中国空手道协会一级运动员、一级教练员、一级裁判员。

2011年全国大学生空手道锦标赛男子85公斤亚军；2012年全国大学生空手道锦标赛男子85公斤季军；2012年全国大学生空手道锦标赛男子团体甲组冠军；2013年全国空手道锦标赛男子84公斤季军；2013年全国大学生空手道锦标赛男子80公斤冠军。

石宗蔼

陈商杰：1997年1月出生，北京体育大学附属体育中专学生，中国空手道协会健将级运动员。

2011年全国空手道冠军赛女子少年组55公斤级冠军；2012年全国空手道青少年锦标赛女子少年组55公斤级冠军；全国空手道俱乐部联赛女子少年组55公斤级冠军；全国空手道冠军赛女子少年组55公斤级冠军；首届东亚青少年锦标赛女子少年组55公斤级季军；亚洲青少年锦标赛女子少年组55公斤级季军；2013年全国空手道锦标赛女子青年组53公斤级冠军；全国空手道冠军赛女子青年组53公斤级冠军；第三届东亚空手道锦标赛女子青年组53公斤级冠军。

陈商杰

姚懿倬：2009年9月出生，北京市海淀区上地实验小学学生。

2011年全国空手道锦标赛儿童组女子（6～9岁）组手冠军；2012年全国空手道青少年锦标赛儿童组女子（10～11岁）组手季军；全国空手道俱乐部公开赛少年组女子40公斤冠军，个人型季军，个人全能冠军；2012年北京市中小学生空手道比赛小学女子乙组33公斤冠军，个人型冠军；全国空手道冠军赛少年组女子40公斤冠军；2013年北京市中小学生空手道比赛小学女子乙组39公斤级冠军。

张钱德隆：2003年出生，北京市海淀区上地实验小学学生。

2012年北京市中小学生空手道比赛小学男子乙组33公斤冠军；全国空手道青少年锦标赛"体育道德风尚奖"；2013年北京市中小学生空手道比赛小学男子乙组36公斤冠军。

李宗霖：2005年出生，北京市海淀区上地实验小学学生。

2012年北京市中小学生空手道比赛男子小学男子乙组33公斤第五名，全国空手道青少年锦标赛"体育道德风尚奖"。 2013年北京市中小学生空手道比赛小学男子乙组33公斤冠军。

张凌皓：北京市海淀区上地实验小学学生。

沈杨睿：北京市海淀区上地实验小学学生。

李上杰：2004年10月出生，北京市海淀区清河第五小学学生。

2012年北京市中小学生空手道比赛小学男子乙组30公斤第3名，2013年北京市中小学生空手道比赛小学男子乙组30公斤第5名。

古泽昱：2004年9月出生，北京市海淀区清河第五小学学生。

2012年全国空手道青少年锦标赛"体育道德风尚奖"；2012年北京市中小学生空手道比赛小学男子乙组30公斤第5名。

| 姚懿倬 | 张钱德隆 | 李宗霖 | 张凌皓 | 沈杨睿 | 李上杰 |

田百舜：北京市海淀区清河第五小学学生。

周　鲤：2003年5月出生，北京大学附属小学学生。

2012年全国空手道青少年锦标赛儿童组女子（6～9岁）组手季军；全国空手道俱乐部公开赛儿童女子（6～9岁）组手冠军；北京市中小学生空手道比赛小学女子乙组27公斤冠军；2013年北京市中小学生空手道比赛小学女子乙组33公斤冠军。

朱昭颖：2003年11月出生，北京市海淀区中关村第二小学学生。

2012年全国空手道青少年锦标赛儿童女子（6～9岁）组手冠军；全国空手道俱乐部公开赛儿童女子（6～9岁）组手亚军；北京市中小学生空手道比赛女子小学乙组+45公斤冠军。

卢圣璋：2005年9月出生，北京市北外附属外国语学校小学二年级学生。

2013年全国空手道少年锦标赛"体育道德风尚奖"。

王　烁：1999年1月出生，北京市房山二中初三学生。

2012年全国空手道青少年锦标赛少年组女子40公斤冠军。

潘兆丰：2006年出生，北京市景山学校远洋分校学生。

申凯诗：2007年出生，北京师范大学附属小学学生。

黄冠玮：2006年4月出生，首都师范大学附属育新学校学生。

涂恩铭：2007年出生，北京市上地实验小学学生。

古泽昱

田百舜

周　鲤

朱昭颖

卢圣璋

王　烁

潘兆丰

申凯诗

黄冠玮

涂恩铭